Made in the USA
Coppell, TX
06 December 2022

88010189R00068